Tome 25

Texte : Jeanne Olivier

Illustration de la couverture :
Philippe Germain

HISTOIRES DRÔLES No 25

Conception graphique de la couverture : Philippe Germain

Photocomposition : Reid-Lacasse

Dépôts légaux: 1er trimestre 1997
Bibliothèque nationale du Québec
Bibliothèque nationale du Canada

ISBN: 2-7625-8614-3 Imprimé au Canada

LES ÉDITIONS HÉRITAGE INC.
300, rue Arran, Saint-Lambert (Québec) J4R 1K5
(514) 875-0327

À tous ceux et celles
qui aiment collectionner,
écouter et raconter des blagues

Rémi : Comment on écrit «nouille»?

Le prof : N-o-u-i-l-l-e.

Rémi : Merci.

Le prof : Mais pourquoi me demandes-tu ça? Je vous ai demandé un travail sur la ville où se trouve la statue de la Liberté!

Rémi : Justement, maintenant je vais pouvoir écrire Nouille York sans faute!

* * *

Chez le fleuriste, on lit sur une affiche : Dites-le avec des fleurs!

Bernard entre et commande une tulipe.

— Juste une? demande le fleuriste.

— Oui, je ne parle pas beaucoup...

* * *

La mère : J'ai rencontré ton professeur tantôt.

La fille : Ah bon!

La mère : Elle m'a dit qu'elle était absolument incapable de t'apprendre quoi que ce soit!

La fille : Eh bien! je croyais qu'elle était plus compétente que ça!

* * *

Le prof : Qui est le père de la fille de monsieur Tremblay?

L'élève : Euh...

Le prof : Monsieur Tremblay!

* * *

Laurence : Qu'est-ce qui a des dents noires et des dents blanches, des pieds et qui chante à merveille?

Julien : Un piano!

* * *

Victor : Tu te sens bien?

Lorraine : Non.

Victor : Alors tu peux demander à quelqu'un d'autre de te sentir!

* * *

La mère : Marguerite! Ce n'est pas possible! Tu as passé une heure à parler à ton amie sur le balcon. Pourquoi tu ne l'as pas invitée à rentrer?

Marguerite : Elle ne pouvait pas, elle était pressée!

* * *

Le garde-chasse : Vous savez que c'est interdit de pêcher ici, monsieur?

Le pêcheur : Quoi? Je ne pêche pas! J'apprends la natation à mon ver...

* * *

Le prof : Je vous souhaite une belle fin de semaine.

Les élèves : À vous aussi, professeur!

Le prof : Et tâchez de revenir lundi matin avec toute votre concentration!

Les élèves : Vous aussi professeur!

* * *

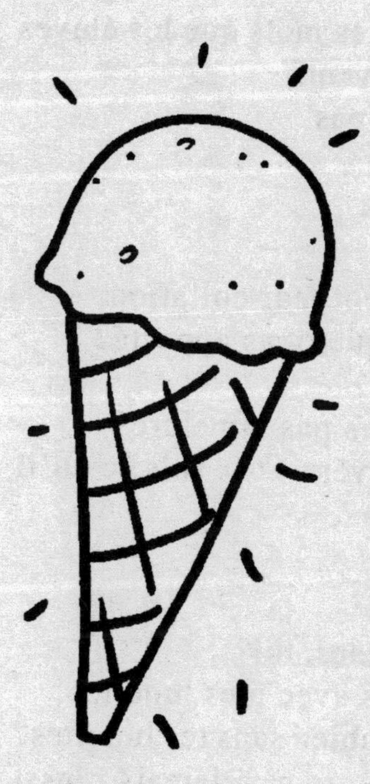

La fille : Maman, j'ai absolument besoin d'un dollar.

La mère : Pourquoi?

La fille : C'est pour une vieille dame que j'ai rencontrée au parc.

La mère : Je suis fière de toi, chérie. C'est très bien d'aider les gens. Alors, cette vieille dame, elle ne travaille pas?

La fille : Oui, oui! Elle vend de la crème glacée!

* * *

Je suis un nez qui vit près de l'Angleterre. Un nez-cossais.

* * *

Le prof : Quels sont les mots que les élèves prononçent le plus souvent?

Jocelyne : Je ne sais pas.

Le prof : Bravo!

* * *

Deux nigauds prennent leur collation.

— Et toi, qu'est-ce que tu as apporté?

— Une banane.

— Mais! Tu n'enlèves pas la pelure?

— Pourquoi je l'enlèverais? Je sais ce qu'il y a dedans!

* * *

Éric : Combien tu pèses, toi?

Marc : Moi? 42 kilos avec mes lunettes!

Éric : Et tu pèses combien sans tes lunettes?

Marc : Je ne sais pas, je n'ai jamais réussi à voir les chiffres sans mes lunettes!

* * *

Le frère : Tu n'arrêtes pas de me promettre des bonbons et tu ne m'en donnes jamais!

La sœur : Franchement! Puisque tu n'es jamais content, alors je ne te promettrai plus rien!

* * *

Le prof : À l'avenir, j'aimerais que vous écriviez sur vos devoirs de mathématiques votre nom, le numéro de votre classe, la page et le numéro de l'exercice.

L'élève : Fiou! Voulez-vous qu'on colle un timbre aussi?

* * *

Pierre : Fais-moi une phrase avec hippopotame.

Gisèle : Je ne peux pas.

Pierre : Mon père s'en va au centre Molson ce soir mais hippopotame né.

* * *

— Sais-tu ce qui est encore plus bruyant qu'un troupeau d'éléphants qui traverse la savane?

— Non.

— Deux troupeaux d'éléphants qui traversent la savane!

* * *

— Moi, je suis un passionné d'histoire! dit Simon à son amie Martine. Tu peux me poser des questions!

— D'accord! Sais-tu ce qu'a fait Christophe Colomb après avoir mis un pied en Amérique?

— Il a mis l'autre pied!

— Ha! ha! Et ça, dit Martine en montrant un minuscule bout de bois, tu sais ce que c'est?

— Heu... non.

— C'est le cure-dent de Jacques Cartier!

* * *

Au restaurant :

— Mais faites attention! Vous venez de renverser de la soupe sur mon chandail!

— Ne vous en faites pas, madame! Il en reste encore beaucoup dans la cuisine!

* * *

Patricia : Qu'est-ce que l'Italie produit plus que tous les autres pays?

Diane : Je ne sais pas.

Patricia : Des Italiens!

* * *

Sylvain : Quel cours préfères-tu à l'école?

Catherine : La cour de récréation!

* * *

Deux copines discutent :

— Alors, avec ton frère, comment ça va ces temps-ci?

— Pas mal! On s'engueule de moins en moins.

— Comment faites-vous?

— Eh bien, quand il a tort, maintenant, il le dit et il s'excuse.

— Et quand il a raison?

— Ah ça, je ne sais pas! Ça n'est encore jamais arrivé!

* * *

Jasmine : Quel est le comble de la paresse?

Nicolas : Je ne sais pas.

Jasmine : C'est de ne pas ouvrir les yeux le matin. Comme ça on n'a pas besoin de les fermer le soir!

* * *

— Sais-tu à quel moment les enfants retournent à l'école à la campagne?

— Non.

— Juste entre le foin et le blé d'Inde!

* * *

Un voyageur entre à l'hôtel, loue une chambre et va se coucher. En déplaçant les couvertures, il aperçoit des puces sur le couvre-lit. Il téléphone en catastrophe à la réception pour se plaindre.

— Ne vous en faites pas, monsieur, lui dit le réceptionniste. Nous venons juste de faire désinfecter toutes les chambres. Ces puces sont mortes.

— Bon, d'accord...

Le lendemain matin, en quittant l'hôtel, le voyageur s'arrête devant le réceptionniste pour lui dire :

— Vous savez, les puces mortes dans mon lit?

— Oui, monsieur?

— Eh bien cette nuit, leurs funérailles ont été célébrées et tous leurs parents et amis étaient là!

* * *

Maribelle : Papa, à quel âge je vais pouvoir faire ce que je veux?

Le père : Ma pauvre Maribelle, je ne sais pas. Je n'y suis même pas encore arrivé moi-même!

* * *

Au cours d'histoire de la nature :

— Quelle est la plante la plus utile pour l'être humain? demande la prof.

— La plante des pieds!

* * *

Je suis un nez qui connaît bien James Bond. Un nez-spion.

* * *

À l'école, au cours de français :

— Nelson, demande la prof, peux-tu me dire quel est le futur du verbe voler?

— Oui, c'est «aller en prison»!

* * *

À l'entrée du centre d'achats, un homme se fait arrêter par un vendeur ambulant :

— Cher monsieur, avez-vous besoin de chocolat? d'un porte-monnaie? d'un tournevis?

— Laissez-moi tranquille, s'il vous plaît, j'ai bien d'autres choses qui me trottent dans la tête ces temps-ci!

— Ah ça tombe bien, j'ai aussi du shampoing contre les poux!

* * *

Le frère : Mais pourquoi tu mets tes bas à l'envers?

La sœur : Parce qu'à l'endroit, il y a un trou!

* * *

Walter : Tu sais comment on prépare les œufs à la coque?

Juliette : Oui, on fait boire de l'eau bouillante aux poules!

* * *

Rémi : Qu'est-ce qui
sent le plus dans
une pâtisserie?
Chantal : Je ne
sais pas.
Rémi : Le nez!

* * *

Joel entre à la
pâtisserie pour
acheter un gâteau
au chocolat tout
ce qu'il y a de
plus fondant!

— Veux-tu que je le coupe en huit ou en dix morceaux? lui demande la pâtissière.

— Oh, en huit, je n'ai pas très faim!

* * *

Le prof : Antoine, j'ai tellement de misère à lire ton devoir! Pourquoi écris-tu aussi petit?

Antoine : C'est pour que les fautes se voient moins!

* * *

Véro : Tu sais qu'il existe des bouteilles dans lesquelles on ne peut absolument pas mettre de jus d'orange!

Louis : Ah oui! lesquelles?

Véro : Les bouteilles pleines!

* * *

Au cours de sciences naturelles :

— Aujourd'hui, dit le prof, nous allons parler du gorille. Et pour que tout le monde comprenne bien de quoi je parle, regardez-moi très attentivement...

* * *

Lison : J'ai vu l'autre jour un animal qui n'était pas un chat mais qui était tout poilu, qui miaulait et qui attrapait des souris.

Antoine : Ah oui! Mais qu'est-ce que c'était?

Lison : Une chatte!

* * *

Je suis un nez jamais content.

Un nez-gatif.

* * *

France : D'où viens-tu?

Marc : J'arrive d'une visite chez mon médecin.

France : Ah! celui qui donne toujours de mauvais conseils! Que t'a-t-il dit aujourd'hui?

Marc : Comme j'ai très mal à la gorge, il m'a interdit de chanter.

France : Tiens! Je savais bien qu'il n'était pas si mauvais que ça!

* * *

Deux copines discutent :
— Ça s'est bien passé ton voyage?
— Le voyage, oui. Mais au retour, mes bagages ont été envoyés en Floride par erreur!
— Ce n'est rien ça! L'année dernière, à mon retour de voyage, mes bagages sont arrivés à destination sans problème, mais c'est moi qu'on a envoyée au mauvais aéroport!

* * *

Toc! toc! toc!
— Qui est là?
— Sous.
— Sous qui?
— Sous po poulet!

* * *

Le grand-père raconte :
— Quand j'étais petit, on a connu un été tellement sec que les vaches donnaient du lait en poudre!

* * *

Un père dit à son adolescent :

— Tu veux emprunter ma voiture? Pas question! Mais la tondeuse à gazon est tout à toi!

* * *

Deux copines discutent :

— Sais-tu qui habitait à côté de chez nous quand j'étais petite?

— Non, qui?

— Mon voisin!

* * *

Toc! toc! toc!
— Qui est là?
— K.
— K qui?
— K ramel au beurre!

* * *

La mère : Mais qu'est-ce que c'est que cette grosse bosse sur ta tête?

Henri : C'est Sonia qui m'a lancé des petits pois.

La mère : Ce sont des petits pois qui t'ont fait cette si grosse bosse?

Henri : Ouais, mais il faut dire qu'ils étaient encore dans la boîte!

* * *

Lana : Comment fais-tu pour jouer du piano avec ta main cassée?

Jean-Sébastien : Pas de problème, je joue par oreille!

* * *

— Je viens de piquer le journal personnel de ma sœur.

— Pourquoi tu as fait ça?

— C'est une question d'apprentissage!

— Que veux-tu dire?

— Eh bien on va se cacher dans sa chambre pendant qu'elle le cherche et je te garantis qu'on va apprendre de nouveaux mots!

* * *

— Quel est le comble pour une girafe?

— C'est de se mouiller les pieds au mois de janvier et d'attraper la grippe seulement au mois de juin!

* * *

Au restaurant :

— Garçon! Auriez-vous l'obligeance d'enlever cette mouche dans ma soupe. J'ai vraiment envie d'être tout seul pour manger ce soir!

* * *

Deux profs discutent :
— Pourquoi apportes-tu un fer en classe?
— C'est pour mes élèves, pour éviter qu'ils ne prennent des mauvais plis!

* * *

Chez le médecin :
— Docteur, dit l'infirmière, l'homme invisible désire vous consulter.
— Dites-lui que je ne pourrai malheureusement pas le voir ce matin!

* * *

— Toi, que penses-tu des gens qui sortent de chez eux en oubliant de remonter leur fermeture éclair?
— Ah! ah! ils ont l'air tellement ridicules! Pourquoi me demandes-tu ça?
— Oh, pour rien! Ah oui, en passant, ta fermeture éclair est baissée...

* * *

Carl : Est-ce que tu dis : «Donne-moi un sandwich» ou «Donne-moi une sandwich»?

Pierre : Ni l'un ni l'autre, je dis toujours «Donne-moi deux sandwichs»!

* * *

Le prof : «Les enfants adorent l'école!» Est-ce que cette phrase est une affirmation ou une interrogation?

Lisette : Ni l'une ni l'autre! Cette phrase est un mensonge!

* * *

— Pourquoi les chiens traversent-ils la rue le museau en l'air?
— Je ne sais pas.
— Pour se rendre de l'autre côté!

* * *

Au début de l'année, le prof demande :
— Quel est ton nom, toi?
— Paméla.
— Bon! Mais si ce n'est pas Méla, qu'est-ce que c'est?

* * *

La mère : Sergio, veux-tu te placer derrière mon auto?
Sergio : Oui, voilà!
La mère : Maintenant, dis-moi si la lumière de mon clignotant fonctionne.
Sergio : Oui, non, oui, non, oui, non, oui, non, oui, non!

* * *

La tante de Magali donne un petit concert de piano à la maison pour la famille. Elle demande à Magali :

— Quel morceau aimerais-tu?

— J'aimerais bien un morceau de gâteau au chocolat!

* * *

Au restaurant :

— Garçon, pourrais-je avoir un verre d'eau s'il vous plaît?

— Oui, monsieur, c'est pour boire?

— Non, c'est pour me laver les cheveux!

* * *

Laura : Quelle est la différence entre un avion et un éléphant?

Alain : Je ne sais pas.

Laura : As-tu déjà vu un avion manger des cacahuètes?

* * *

La mère : Pourquoi as-tu une note aussi basse dans ton examen de géographie?

Kevin : Je ne me suis pas rappelé où était la Patagonie.

La mère : Pourtant, ça fait bien longtemps que je te dis de faire attention où tu mets tes affaires!

* * *

Le père : Que veux-tu faire quand tu seras grande?

Jacinthe : Je voudrais être architecte pour créer de grandes choses dans ma ville.

Le père : Quelle sorte de choses?

Jacinthe : De belles salles de spectacle, des gratte-ciel, des ponts!

Le père : Mais Jacinthe, il n'y a même pas de cours d'eau dans la ville!

Jacinthe : Pas grave! Je ferai construire une grande rivière!

* * *

Je suis un nez qui raconte des histoires.
Un nez-crivain.

* * *

À la cafétéria, Maude a oublié de prendre un verre d'eau. Elle voudrait bien aller en chercher mais elle a peur de laisser sa soupe sans surveillance. Elle décide donc d'écrire «J'ai craché dedans» sur un bout de papier qu'elle dépose près du bol pour être certaine que personne n'y goûte.

Quand elle revient avec son verre d'eau, elle trouve un autre papier où l'on a écrit : «Moi aussi!»

* * *

Petit cannibale : Maman, est-ce que je suis en retard pour le souper?

Maman cannibale : Mais oui, mon petit. J'ai fini de manger tout le monde!

* * *

Françoise se promène dans un musée avec sa copine Léona, qui n'arrête pas de critiquer tout ce qu'elle voit.

— Et regarde donc ça! Une vraie horreur!

— Ça, ma chère, répond Françoise, c'est un miroir!...

* * *

Le professeur vient de s'apercevoir qu'un élève n'arrête pas de répéter chaque geste qu'il fait et chaque phrase qu'il dit.

— Hé toi! dit-il à l'élève, je t'avertis! Arrête de faire le fou!

* * *

Le père : Brigitte! Qui t'a donné cet œil au beurre noir.

Brigitte : Personne ne me l'a donné, papa. J'ai dû me battre pour l'avoir!

* * *

Judith doit aider son père chaque fin de semaine à leur épicerie. Elle apprend plein de choses sur les aliments, les prix, la caisse, le service à la clientèle. Après un mois, son père lui dit :

— Je te félicite, Judith, tu es très travaillante, et je suis fier de toi! Quand tu seras plus grande, tu pourras venir quand tu voudras travailler ici avec moi. Mais dis-moi, qu'est-ce que tu as préféré pendant ton mois ici?

— Ce que j'ai aimé le plus, c'est quand on fermait le magasin et qu'on s'en allait chez nous!

* * *

Drrrring!

— Allô?

— Bonjour. Charlie?

— Oui.

— Je parle bien à Charlie?

— Oui, oui, c'est moi!

— Charlie de la rue Saint-André?

— Exactement!

— Dis donc, Charlie, est-ce que tu pourrais me prêter cinq dollars?

— Écoute, euh... je vais demander à Charlie de te rappeler à son retour...

* * *

Le prof : Noémie, peux-tu me nommer une grande réalisation des dix dernières années dans notre ville?

Noémie : Oui, moi!

* * *

Denis voit passer son ami Marco à bicyclette. Mais celle-ci manque d'huile et fait un bruit d'enfer. Alors il lui dit :

— Marco, ta bicyclette a besoin d'un peu d'huile!

— Quoi?

— Ta bicyclette grince!

— Pardon?

— J'ai dit : Ta bicyclette manque d'huile et ça fait du bruit!

— Peux-tu parler plus fort, ma bicyclette a besoin d'huile!

* * *

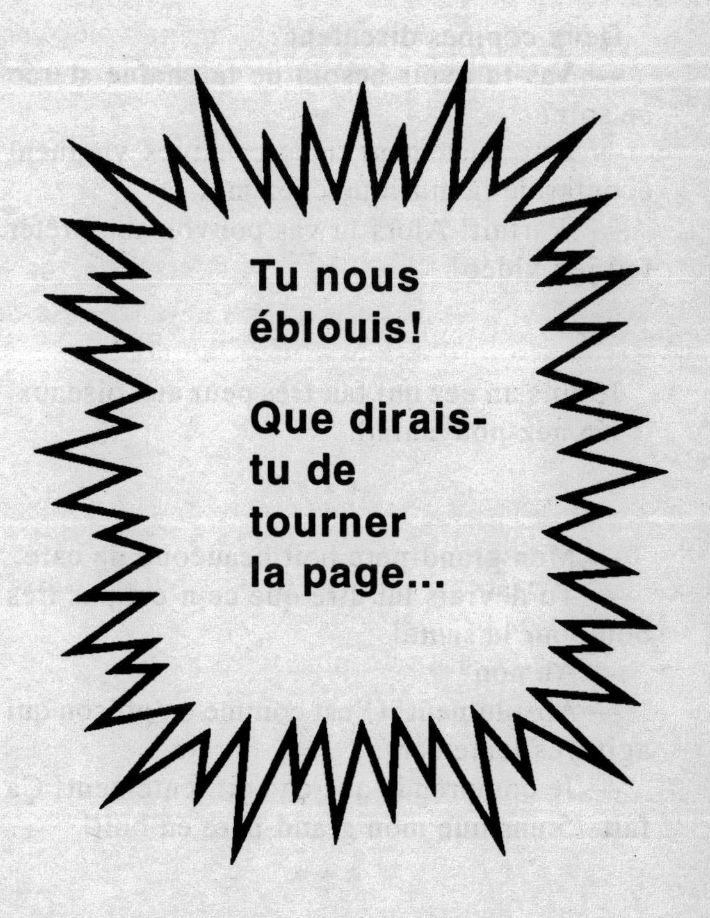
Tu nous éblouis!
Que dirais-tu de tourner la page...

Deux copines discutent :
— Vas-tu avoir besoin de ta chaîne stéréo ce soir?
— Oui, justement, mes cousines viennent écouter de la musique chez moi.
— Parfait! Alors tu vas pouvoir me prêter ton jeu vidéo!

* * *

Je suis un nez qui fait très peur aux oiseaux.
Un nez-pouvantail.

* * *

— Mon grand-père boit beaucoup de café.
— Tu devrais lui dire que ce n'est pas très bon pour la santé!
— Ah non?
— Absolument! C'est comme un poison qui agit très lentement.
— Je comprends que ça agit lentement! Ça fait 75 ans que mon grand-père en boit!

* * *

Deux nigauds sont accrochés à une branche d'arbre. Un des deux se laisse tomber par terre.
— Tu es fatigué?
— Non, je suis mûr!

* * *

Zarah : Sais-tu pourquoi les otaries sont recouvertes de gros poils noirs?
Charles : Non.
Zarah : Parce quelles auraient l'air pas mal folles en imperméable!

* * *

Deux copines rencontrent sur la rue un ami qui vient de se faire couper les cheveux.
— Oh! Ta coupe de cheveux te va très bien!
— Merci beaucoup!
Et le copain continue son chemin.
— Tu lui as dit que sa coupe de cheveux lui va bien! Tu es vraiment plus polie que moi!
— Non, non. Je suis juste plus menteuse!

* * *

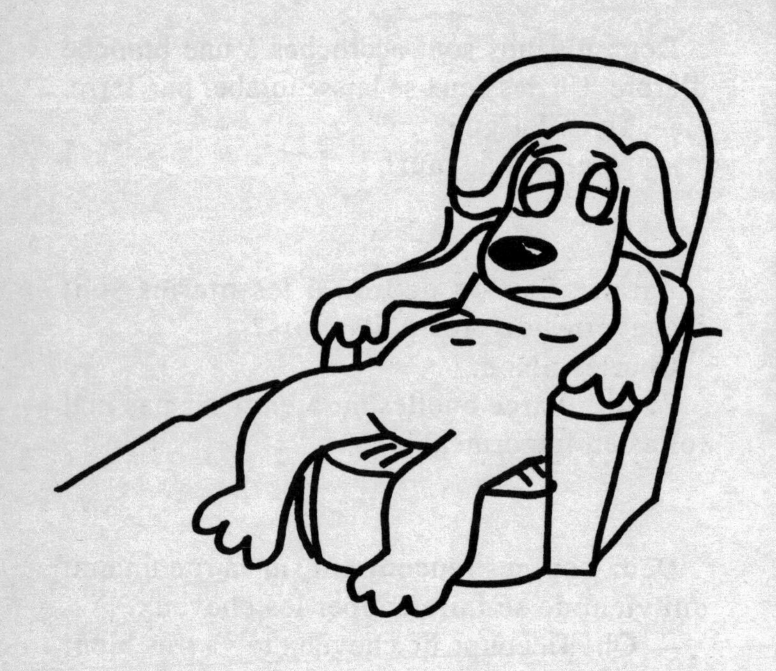

Lucien : Qu'est-ce qui a deux bras, un dos et quatre pieds?

Olivier : Je ne sais pas.

Lucien : Un fauteuil!

* * *

Nicole : Regarde le beau chien que mon père nous a donné!

Annie : Oh! il est gros!

Nicole : Viens! j'aimerais ça que tu joues avec lui!

Annie : Mais... est-ce qu'il mord?

Nicole : C'est justement ce que j'aimerais savoir!

* * *

Deux bandits discutent :

— Pourquoi es-tu en prison, toi?

— Parce que je suis très myope.

— Juste pour ça?

— Eh oui! Quand je suis entré pour voler la banque, je n'ai même pas vu qu'un policier était à la porte!

* * *

Je suis un nez qui adore les meubles.

Un nez-béniste.

* * *

Nico : Peux-tu me prêter deux dollars?

Stéphane : Je suis désolé mais je n'ai absolument rien sur moi!

Nico : Et chez toi?

Stéphane ; Chez moi? Tout le monde va bien, merci!

* * *

En camping :

— Maman! crie Carole, je viens de voir un ours se diriger vers la glacière!

— Mais non, voyons! Il n'y a pas d'ours ici, c'est une hallucination!

Dix minutes plus tard, Carole revient en courant :

— Maman! maman! l'hallucination a ouvert la glacière et a commencé à manger nos sandwichs!

* * *

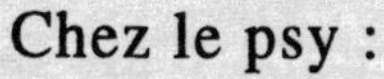

Chez le psy :

— Docteur, j'ai un problème.

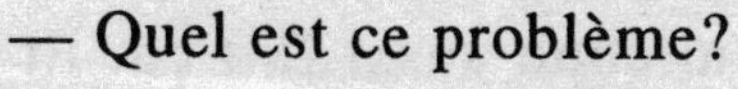

— Quel est ce problème?

— Je me prends pour un chat.

— Bon, venez vous étendre sur ce fauteuil, nous allons en discuter.

— Je ne peux pas! Je n'ai pas le droit de monter sur les fauteuils.

* * *

Karine : Quand je tousse, ma mère me fait prendre un sirop horrible!

Normand : La mienne aussi fait ça. Et il goûte tellement mauvais! Mais j'ai trouvé un truc!

Karine : Quoi?

Normand : Je prends mon sirop avec une fourchette!

* * *

— Qu'est-ce qu'un serpent?

— C'est une queue qui n'a pas de corps!

* * *

Le voisin : Bonjour, mon petit Gilberto! Tu es bien rendu grand. Est-ce que tu sais compter?

Gilberto : Oui!

Le voisin : Jusqu'où?

Gilberto : Un, deux, trois, quatre, cinq, six, sept, huit, neuf, dix, valet, dame, roi!

* * *

La grande sœur : Tu étais tellement mignonne quand tu étais petite!

La petite sœur : Ah oui?

La grande sœur : Oui. Je me demande ce qui a bien pu t'arriver!

* * *

Deux hommes complètement soûls rentrent à la maison en voiture en plein milieu de la nuit.

— Hips! Attention! dit l'un des deux, tu conduis un peu trop vite!

— Quoi? Hips! Tu veux dire que c'est moi qui conduis?

* * *

Sonia : AAAAOUCHE!

Le dentiste : Mais Sonia, tu exagères! J'ai à peine touché tes dents!

Sonia : Je n'ai jamais parlé de mes dents! Vous m'écrasez les orteils!

* * *

Premier voisin : Je suis désolé, ma poule a abîmé vos plates-bandes!

Deuxième voisin : Bof! Ne vous en faites pas! Mon chien vient de manger votre poule!

Troisième voisin : Alors on est quittes! Je viens justement d'écraser votre chien!

* * *

Au restaurant :
— Dites-moi donc, garçon, est-ce que vous cuisez les aliments avec un poêle à bois, ici?
— Non, non, monsieur. Nous avons un poêle électrique!
— Alors vous devriez peut-être donner un autre petit choc à mon poulet!

* * *

Victoria : J'ai rêvé la nuit dernière que je mangeais des guimauves géantes!
Carolina : Quel drôle de rêve!
Victoria : Oui. Mais ce n'est pas tout : quand je me suis réveillée ce matin, il manquait un oreiller dans mon lit!

* * *

L'amoureux : Ma chérie, dis-moi, préfères-tu un bel homme ou un homme intelligent?
L'amoureuse : Ni l'un ni l'autre, mon chéri, c'est toi que j'aime!

* * *

Le prof : Y en a-t-il parmi vous qui ont des collections?

Céleste : Oui, ma sœur collectionne les puces.

Le prof : Ah! mais toi, que fais-tu?

Céleste : Moi? Je me gratte!

* * *

Au restaurant :

— Garçon! Ça fait une demi-heure que j'attends!

— Cher monsieur, si vous étiez aussi pressé, pourquoi avez-vous commandé une soupe à la tortue?

* * *

Deux copains discutent :

— Wow! Tu es fort comme un cheval!

— Merci!

— Et presque aussi intelligent!

— . . .

* * *

La mère : Victoria, as-tu changé l'eau de tes poissons?

Victoria : Mais non, maman, ils n'ont pas encore fini de boire celle que je leur ai donnée la semaine dernière!

* * *

— Mon chien est tellement intelligent! Je suis sûre qu'il a un cerveau plus gros que la normale!

— Ah bon! Un de vous deux a donc un cerveau!

* * *

La fille : Papa, je viens de te permettre de faire de grosses économies!

Le père : Ah oui? Comment?

La fille : Tu te souviens, tu m'avais dit que tu m'achèterais une bicyclette si je réussissais mon examen d'hier? Eh bien, ce ne sera pas nécessaire...

* * *

Deux copains regardent les photos de leurs dernières vacances :

— Sur celle-là, je trouve que j'ai l'air d'un vrai imbécile!

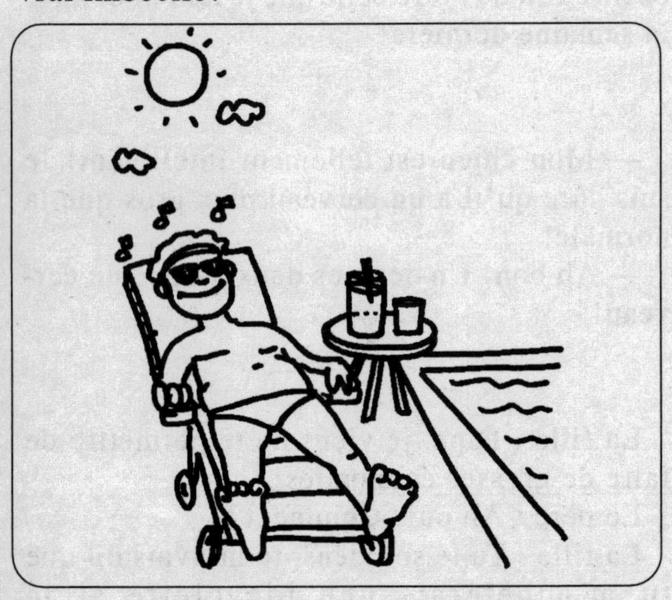

— Tu crois? Moi je trouve que tu as l'air très naturel!

* * *

Marc : Hier soir, j'ai tellement ri que j'ai eu peur d'en perdre la tête!

Luc : Bof! ça n'aurait pas été un gros changement!

* * *

Cécile : Qu'y a-t-il de pire qu'une girafe qui a un mal de gorge?

Cécile : Un crocodile qui a mal aux dents!

* * *

— Un homme se jette en bas d'un gratte-ciel. En touchant le sol, il n'a rien senti. Sais-tu pourquoi?

— Non.

— Il avait le nez bouché!

* * *

Chez le médecin :

— Docteur, dit le clown, ces temps-ci je me sens tout drôle...

* * *

Le prof : Charlotte, le devoir que tu m'as remis sur ton chat Figaro est absolument identique à celui de ta sœur!

Charlotte : C'est normal, nous avons le même chat...

* * *

Deux copains discutent :

— Salut mon vieux! Tu as bien l'air fatigué?

— Ah... si tu savais.

— Que se passe-t-il?

— C'est rendu que je ronfle tellement fort que je me réveille moi-même!

— Mais pauvre vieux! J'ai une solution toute simple pour toi.

— Laquelle?

— Tu n'as qu'à dormir dans une autre chambre!

* * *

C'est le début de l'hiver et Guillaume a très hâte de sortir ses skis.

— Lester, dit-il à son ami, je crois que le mont Belle-Neige est ouvert!

— Mais non! Je l'ai vu hier, il n'est pas tout vert, il est tout blanc!

* * *

Un groupe de tortues joue au poker dans le salon de l'une d'entre elles. La plus petite s'est servi un verre de jus qui semble succulent. Comme elle est là pour regarder les autres et ne joue pas, ses compagnons lui demandent d'aller chercher du jus pour tout le monde.

— D'accord, mais à condition que personne ne touche à mon verre pendant mon absence.

— C'est bon, tu peux y aller!

La petite tortue se met en marche en direction de la cuisine à l'autre bout de la maison. Trois heures plus tard, un des joueurs de poker dit :

— Je commence à avoir pas mal soif. Allez! on va boire le jus de la petite avant qu'elle ne revienne.

Au même moment, un cri se fait entendre du fond de la pièce :

— Hé! vous autres! Si vous touchez à mon jus, je n'irai pas vous en chercher!

* * *

Deux copines discutent :

— Cette année, mes parents nous envoient mon frère et moi passer une semaine dans un camp d'été.

— Ah bon!

— Ils ont vraiment besoin de vacances!

* * *

Jonathan s'en va voir son ami Bruno à son retour de vacances.

— Alors, tu t'es bien amusé?

— Oh oui! nous avons visité plein de villes célèbres!

— Lesquelles?

—Eh bien, je suis allé par exemple dans la ville où l'on trouve plus de brouillard que partout ailleurs sur la planète!

— C'est fantastique! Comment s'appelle cet endroit?

— Je ne sais pas, je n'ai jamais réussi à lire le panneau!

* * *

Guylaine : Comment se sont passées tes vacances en Floride?

Geneviève : Pas mal, mais il m'est arrivé toute une mésaventure! Nous sommes allés toute la famille faire un tour de bateau en pleine mer. Et imagine-toi donc que je suis tombée à l'eau dans un coin infesté de requins!

Guylaine : Et puis?

Geneviève : Un gros requin s'est approché de moi à toute vitesse et a changé de direction à la dernière minute!

Guylaine : Tu as été chanceuse! Moi qui croyais que ces animaux-là étaient très gourmands et féroces!

Geneviève : Ah ils le sont! Mais celui-là c'était un requin mangeur d'hommes!

* * *

Lucie : Ma voisine a suivi un régime à base d'huile de castor.

Isabelle : Est-ce qu'elle a perdu beaucoup de poids?

Lucie : Non, mais tu devrais la voir ronger les arbres!

* * *

Au magasin :

— Madame, dit la vendeuse, cette robe vous va comme un gant!

— J'aimerais ça en essayer une qui m'irait comme une robe!

* * *

Alexandra revient de sa première journée à l'école :

— Alors, lui demande sa mère, as-tu appris des nouvelles choses?

— Oui, mais pas assez, il faut que j'y retourne demain!

* * *

Deux copines discutent :
— Tu as l'air bien triste?
— Oh oui!
— Mais que se passe-t-il?
— J'ai perdu mon chat.

— Pauvre toi! Tu pourrais peut-être passer une annonce dans le journal?
— Ça ne sert à rien, mon chat ne sait pas lire!

* * *

— Ma voisine a tellement la tête enflée qu'elle achète ses chapeaux au département des abat-jour!

* * *

Jean se dirigeait vers la bijouterie en tenant dans ses bras une énorme horloge grand-père qui avait besoin de réparations. En traversant la rue, il accroche un garçon qui tombe la figure la première par terre!

— Oh! Je m'excuse! Je suis vraiment désolé! J'espère que tu ne t'es pas fait trop mal?

— Non, non, ça va, répond-il, en colère. Mais franchement, ça ne te tenterait pas de porter une montre comme tout le monde?

* * *

L'amoureuse : Chéri, tu me fais penser à l'océan!

L'amoureux : Tu veux dire que tu me trouves romantique?

L'amoureuse : Non, je veux dire que tu me donnes le mal de mer...

* * *

Madame monstre a demandé à sa grande fille de garder ses frères et sœurs pour l'après-midi. La grande sœur est débordée. Toutes les cinq minutes, un membre de la famille vient la trouver pour lui demander un verre d'eau, un verre de jus, de l'aide pour les devoirs, pour prendre un bain, un biscuit, etc. À bout de nerfs, la grande sœur leur dit :

— Mais calmez-vous un peu! Vous ne voyez pas que j'ai juste trois mains!

* * *

— Ma voisine est tellement désagréable que lorsqu'elle mange un citron, c'est le citron qui fait une grimace!

* * *

Dans la classe :

— Je suis tannée, dit Diana à son professeur. Simon n'arrête pas de m'imiter!

— Simon, veux-tu arrêter de faire l'imbécile!

* * *

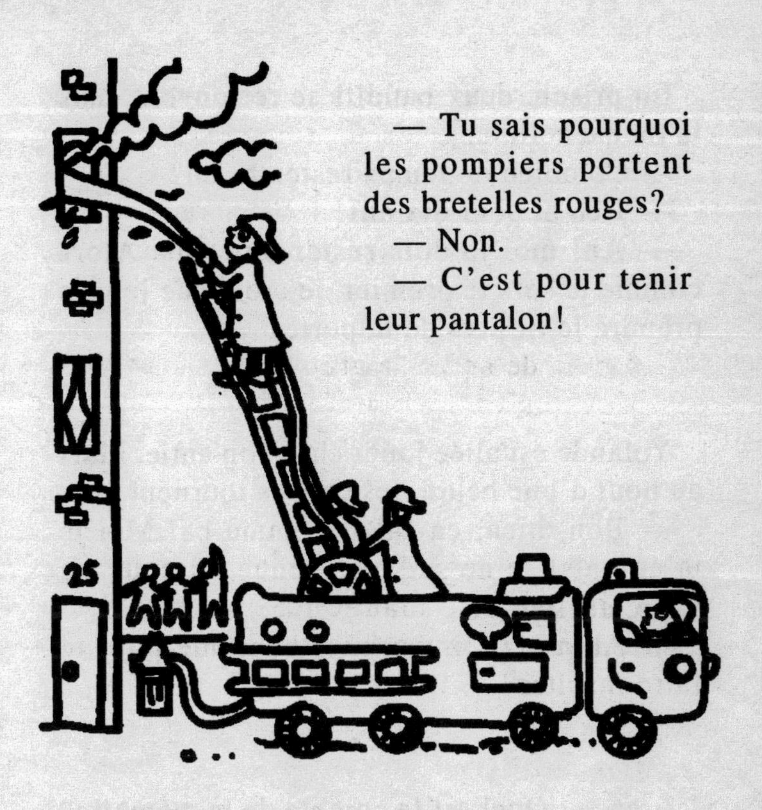

— Tu sais pourquoi les pompiers portent des bretelles rouges?

— Non.

— C'est pour tenir leur pantalon!

* * *

En prison, deux bandits se retrouvent dans la même cellule.

— Combien de temps restes-tu ici?

— J'en ai pour dix ans!

— Ah! moi je dois rester huit ans. Alors comme je sors le premier, je crois que je vais prendre le lit près de la porte!

* * *

Yolande est allée jouer chez son amie. Mais au bout d'une heure, les choses tournent mal.

— Bon, bien, ça suffit comme ça! Moi je m'en vais! Je ne suis pas venue ici pour me faire insulter!

— Ah non? Où vas-tu d'habitude pour te faire insulter?

* * *

France : Quel est le comble de la mémoire?

Luc : Je ne sais pas. C'est quoi?

France : Euh... minute, j'ai oublié...

* * *

À la bibliothèque, Rodolphe vient faire faire sa carte d'abonné.

— Comment t'appelles-tu? lui demande la dame au comptoir.

— Rodolphe Hinjfrewski-Gradnétskou.

— Ouf! comment ça s'écrit?

— Ben, avec un accent aigu!

* * *

Deux extraterrestres sont en mission sur la Terre. Ils se retrouvent sur un boulevard devant un feu clignotant et l'un des deux dit à son ami :

— Wow! As-tu vu la belle Terrienne qui vient de me faire un clin d'œil?

* * *

Deux hommes soûls se rencontrent sur la rue.

— Hips! Ce qu'on voit dans le ciel, c'est le soleil ou la lune?

— Je regrette, hips! Je ne reste pas ici!

* * *

Deux nigauds essaient de faire un feu.
— Alors, ça vient? demande l'un d'eux.
— Je n'arrive pas à allumer cette allumette!
— Pourquoi?
— Je ne comprends pas! Pourtant, quand je l'ai essayée tantôt, elle est partie du premier coup!

* * *

— Hum! j'aime beaucoup ce que tu portes aujourd'hui, mais l'Halloween, ce n'était pas le mois passé?

* * *

Deux ennemis se croisent sur la rue :

— Oh! c'est toi! N'oublie surtout pas ce que je t'ai dit la semaine dernière.

— Quoi donc?

— Si dans le passé j'ai pu dire quelque chose qui t'a insulté, surtout n'hésite pas à m'en parler. Je recommencerai avec plaisir!

* * *

Deux nigauds discutent :

— Qu'est-ce que tu as à rire?

— Je pensais à quelque chose d'amusant.

— Quoi?

— Imagine-toi donc que je suis né en plein le jour de ma fête!

* * *

Au bord du lac:

— Pourquoi tu te baignes avec tes bas?

— Parce que l'eau est bien trop froide!

* * *

Chez le médecin :
— As-tu déjà eu un accident à la tête, Alice?
— Non.
— Jamais, jamais?
— Mais non. Ben, c'est-à-dire que l'été dernier, ma sœur m'a fait rentrer dans un mur de béton la tête la première.
— Et tu n'appelles pas ça un accident?
— Mais non, ce n'était pas un accident. Elle l'a fait exprès!

* * *

À la clinique :
— Docteur, c'est terrible!
— Qu'est-ce qu'il y a?
— Il y a des concombres qui me poussent dans l'oreille!
— En effet, c'est plutôt surprenant!
— Je comprends! Moi qui avais planté des haricots!

* * *

Nicolas et son frère Serge vont au cinéma avec Pitou, leur chien.

— Bon, d'accord, je vous laisse entrer, dit la dame au guichet. Mais je vous avertis : si jamais votre chien fait le moindre bruit, vous devrez quitter la salle et on vous remboursera.

Les deux garçons vont s'asseoir. Après vingt minutes, Serge demande :

— Comment trouves-tu ça, toi?

— Le film est plate, c'est effrayant! Allez, fais japper Pitou!

* * *

Zarah : Connais-tu la différence entre un bonbon et une tomate?

Patricia : Non.

Zarah : Dans ce cas-là, je n'irai jamais passer l'Halloween chez toi!

* * *

Suzie : Sais-tu à quel endroit les vampires cachent leur argent?

Cindy : Non.

Suzie : Dans une banque de sang!

* * *

Fabienne aperçoit son ami Frank qui se donne des coups de marteau sur la tête.

— Mais qu'est-ce qui te prend? Pourquoi fais-tu ça?

— Ah! ça me fait tellement de bien quand j'arrête!

* * *

Les élèves sont de retour à l'école après une tempête de neige.

— Vous êtes bien chanceux! dit la prof. Une belle journée de congé pour jouer dehors. J'espère que vous en avez bien profité!

— Oh oui! répond Laurent. Et j'ai demandé au ciel de nous envoyer encore plus de neige!

* * *

Deux nigauds se promènent en voiture. En descendant une grosse côte, le conducteur se rend compte que les freins ne fonctionnent plus.

— HAAAAA! Catastrophe! Il n'y a plus de freins! Qu'allons-nous faire?

— Bof! ne t'inquiète pas! Je passe souvent ici, il y a un stop en bas de la côte!

* * *

Deux cannibales discutent après le repas :

— Hum! c'était délicieux! Il faut avouer que le chef a fait un excellent rôti!

— Oui! Il va nous manquer!

* * *

Carmen et Rafaella font du magasinage au centre d'achats.

— Pardon madame, dit Carmen, j'aimerais bien essayer cet ensemble dans la vitrine.

— Mais voyons, mademoiselle! Nous avons des salles d'essayage!

* * *

La tante : Est-ce que ça fait longtemps que tu prends des cours de piano, Violaine?

Violaine : C'est ma deuxième année.

La tante : Tu dois être bonne!

Violaine : Ouais... mais la dernière fois que je me suis assise au piano pour jouer en concert, tout le monde a éclaté de rire.

La tante : Pourquoi?

Violaine : Parce qu'il n'y avait pas de banc!

* * *

Après la première journée d'école de Samuel :

— Est-ce que tu as aimé ta journée? lui demande sa mère.

— Oui, mais il y a une chose bizarre.

— Quoi?

— Tu m'avais dit qu'à l'école il ne fallait pas parler. Pourtant, il y a dans ma classe une madame qui n'a pas arrêté de parler de toute la journée!

* * *

Deux parents discutent :

— J'ai acheté un ordinateur qui me fait tellement penser à mes enfants!

— Comment ça?

— S'il fait une erreur, il dit que c'est la faute d'un autre ordinateur!

* * *

Le frère : Que fais-tu avec ces pansements dans le salon?

La sœur : Maman vient de me couper la télévision pour une semaine...

* * *

Marianne : Connais-tu la différence entre un citron, une roche et toi?

Laurent : Non.

Marianne : Le citron est sur, la roche est dure, et toi c'est sûr que tu fais dur!

* * *

Un homme a installé un télescope dans sa cour et regarde le ciel avec attention. Son voisin vient le voir, complètement soûl. Il regarde vers le haut lui aussi, et aperçoit au même moment une étoile filante!

— Fiou! lui dit-il, tu vises bien!

* * *

Un gros bateau qui transportait une cargaison de yoyos s'est fait prendre dans une tempête en pleine mer. Le bateau a coulé 42 fois avant de sombrer au fond de l'eau!

* * *

Évelyne : Ma mère s'est fait très mal cet été en prenant un bain de lait.
Odile : Que lui est-il arrivé?
Évelyne : La vache lui est tombée dessus!

* * *

Rosange vient de passer une semaine au camp de vacances avec sa cousine. Quand vient le moment de se quitter, sa cousine lui dit :

— En arrivant chez nous, je t'écris tout de suite, sans faute!

— Oh, fais comme d'habitude, je finis toujours par comprendre!

* * *

Toc! toc! toc!

— Qui est là?

— Lana.

— Lana qui?

— Lana tomie!

* * *

Drrrrring!
— Bonjour, marché Allard!
— Madame, avez-vous des biscuits secs?
— Bien sûr!
— Pourquoi vous ne les arrosez pas?

* * *

À la crémerie, un chat entre, s'assoit au comptoir et commande un lait fouetté au chocolat. Un client qui se trouvait là et la serveuse sont complètement abasourdis! Le chat boit tranquillement et repart.
— C'est incroyable! dit le client. Je n'en reviens pas!
— Moi non plus! D'habitude il prend un lait fouetté aux fraises!

* * *

CONCOURS

Tu dois connaître, toi aussi, de courtes histoires drôles. Alors, pourquoi ne pas nous en faire parvenir quelques-unes?

Parmi celles reçues, certaines seront retenues pour publication et l'auteur(e) recevra une surprise.

Participe le plus vite possible et envoie tes histoires drôles à :

CONCOURS HISTOIRES DRÔLES
Les éditions Héritage inc.
300, rue Arran
Saint-Lambert (Québec)
J4R 1K5

Nous avons hâte de te lire!
À très bientôt donc!

Tu peux également te procurer

Blagues en folie, tome I
Blagues en folie, tome II
Blagues en folie, tome III
Blagues en folie, tome IV

ACHEVÉ D'IMPRIMER
EN DÉCEMBRE 1996
SUR LES PRESSES DE
PAYETTE & SIMMS INC.
À SAINT-LAMBERT (Québec)